Only the Best

Sólo lo Mejor

Also edited by
Adrienne Avila and Leslie Pockell

The 101 Greatest Business Principles of All Time

Everything I've Learned

The 100 Best Love Poems of All Time

The 100 Best Poems of All Time

The 13 Best Horror Stories of All Time

Only the Best

Sólo lo Mejor

100 Great Quotations and Proverbs

100 Gran Refranes y Frases Célebres

Edited by

Adrienne Avila with Leslie Pockell

WARNER BOOKS

NEW YORK   BOSTON

Warner Books

Time Warner Book Group
1271 Avenue of the Americas, New York, NY 10020
Visit our Web site at www.twbookmark.com.

Printed in the United States of America

First Edition: September 2005
10   9   8   7   6   5   4   3   2   1

LCCN: 2005926409
ISBN: 0-446-69513-0

Book design and text composition by Ralph Fowler
Cover design and illustration by Brigid Pearson

Para Abuelita y
Grandma and Grandpa

Acknowledgments

We would like to thank Terri Avila and
the Cárdenas Moreno family for their enthusiasm and
support. We'd also like to acknowledge Diana Ramón,
Jeza Freeman, Sylvia Hilton, Pilar Martínez,
Sam Szurek, and Manuel Muñoz for their
essential editorial contributions.

Agradecimientos

Queremos agradecer a Terri Avila y a la familia
Cárdenas Moreno, por su entusiasmo y apoyo. También
queremos expresarle nuestro agradecimiento a Diana Ramón,
Jeza Freeman, Sylvia Hilton, Pilar Martínez,
Sam Szurek, y Manuel Muñoz por su
esencial contribución editorial.

Introduction

"In this book, I shall leave my soul."
FEDERICO GARCÍA LORCA

These words by Lorca do not appear in the text of this book, but we find them especially moving because they capture the essence of what we feel about this compilation; indeed, we've left a part of our soul in this book. Of the several compilations we have worked on over the years, this one represents perhaps our greatest personal commitment: in creating this collection we dedicated ourselves to honoring Latino heritage and celebrating the multitudes of people and perspectives that have contributed and continue to contribute to this rich and diverse culture.

From Miguel de Cervantes y Saavedra to Emiliano Zapata to Pablo Neruda to Gloria Estefan, *Only the Best/Sólo lo Mejor* provides concise expressions of wisdom from some of the most eminent literary figures, politicians, social activists, and artists of all time. We have assembled observations, thoughts, and insights of individuals from different parts of the world at different moments in history to form what we hope is a provocative collection that depicts a vivid and inspiring portrait of Latino identity.

We looked for quotes that we found colorful and compelling, and to our surprise (and delight) they naturally seemed to fall into several distinct categories. Over and over again, the same themes appeared—love and respect, honor and justice, being true to one's self, and walking one's road with grace, humility, and dignity.

As pleased as we were with these themes, we were struck most by the passion that underlies each quote. From César Chávez's famous, "Yes we can!" to Pablo Picasso's "Everything you can imagine is real," one can't help but sense the enthusiasm, excitement, and joy of life that provoked these words. The passion that inspired these quotes communicates the importance of experiencing and appreciating each moment we live in this world and making the most of our lives. Even St. Teresa de Ávila, who considered each passing hour beautiful because it brought her that much closer to death and God, appreciated just how precious time is.

We believe this book demonstrates that, ultimately, to be Latino is to experience a passionate existence, whether it be in the pursuit of one's dreams, in fighting for the rights of others or one's own beliefs, or in acting on faith alone when blindsided by love or opportunity. We hope that through these pages readers will gain insight and an understanding of what matters in Latino culture, and will be as inspired and moved by these passionate words as we were, regardless of who they are or where they come from.

—Adrienne Avila and Leslie Pockell

Introducción

"Dejaría en este libro toda mi alma."
FEDERICO GARCÍA LORCA

Estas palabras de Lorca no aparecen en el texto de este libro, pero las consideramos particularmente conmovedoras porque capturan la esencia de lo que sentimos acerca de esta recopilación; desde luego, hemos dejado una parte de nuestra alma en este libro. Entre las muchas recopilaciones en las que hemos trabajado a través de los años, ésta representa quizás nuestro más grande compromiso personal: al recopilar esta colección, pusimos todo de nuestra parte para rendirle un homenaje a la herencia latina y a la multitud de personas que, desde sus propias perspectivas, han contribuido y continúan contribuyendo con esta rica y diversa cultura.

Desde Miguel de Cervantes y Saavedra hasta Emiliano Zapata, Pablo Neruda y Gloria Estefan, *Only the Best/Sólo lo Mejor* ofrece muestras representativas de la sabiduría de varios de los autores literarios más eminentes y de políticos, activistas sociales y artistas de todos los tiempos. Hemos reunido observaciones, pensamientos y visiones de individuos de diferentes partes del mundo en diferentes momentos de la historia, para conformar la que esperamos sea una interesante colección que represente un retrato vivo e inspirador de la identidad latina.

Extractamos las citas que nos resultaron más coloridas y cautivantes. Y para nuestra sorpresa (y deleite), éstas parecieron ajustarse naturalmente a diferentes categorías. Una y otra vez aparecieron los mismos temas: amor y respeto, honor y justicia, estar en armonía con uno mismo, y caminar la propia senda con gracia, humildad y dignidad.

Así como nos sentimos de complacidos con estos temas, también nos sorprendimos con la pasión que entraña cada cita. Desde el famoso "¡Sí se puede!", de César Chávez, hasta el "Todo lo que te puedas imaginar es real", de Pablo Picasso, uno no puede evitar sentir el entusiasmo, la emoción y la felicidad de la vida que dio pie a estas palabras. La pasión que inspiró estas citas refleja la importancia de experimentar y disfrutar cada momento que vivimos en este mundo y de aprovechar al máximo nuestras vidas. Incluso Santa Teresa de Ávila, quien consideraba hermosa cada hora que pasaba porque la acercaba mucho más a la muerte y a Dios, apreciaba cuán valioso es el tiempo.

Creemos que este libro demuestra que ser Latino es, fundamentalmente, vivir una existencia apasionada, ya sea al tratar de alcanzar nuestros propios sueños, al luchar por los derechos de los otros o por nuestras propias creencias, o al actuar de pura fe cuando se está deslumbrado por el amor o por la ocasión. Esperamos que a través de estas páginas los lectores, sin importar quiénes son ni de dónde provienen, puedan formarse una visión y un entendimiento de la esencia de la cultura latina y sientan la misma inspiración y emoción que suscitaron en nosotros estas apasionadas palabras.

—Adrienne Ávila y Leslie Pockell

Contents

Life As It Is, Life As It Should Be

———

La Vida Tal Como Es, La Vida Como Debería Ser

1

I'll Tell You Who You Are

———

Te Diré Quién Eres

17

Precious Things

———

Cosas Que Son Preciosas

35

With the Eyes of a Child

———

Con los Ojos de un Niño

55

If You Respect Others

———

El Respeto al Derecho Ajeno

65

Men and Women

———

Los Hombres y Las Mujeres

75

Walking Your Road

———

Andando el Camino

85

Love

———

El Amor

105

There are short books for which you need a very long life to understand them as they deserve to be understood.

Hay libros cortos que, para entenderlos como se merecen, se necesita una vida muy larga.

FRANCISCO DE QUEVEDO Y VILLEGAS

Life As It Is,
Life As It Should Be

La Vida Tal Como Es,
La Vida Como Debería Ser

Do not look at life as it is,
but as it should be.

No mires la vida tal como es,
sino como debería ser.

MIGUEL DE CERVANTES Y SAAVEDRA

To have a good conscience is such
a pleasure, that it brings joy even to
all of life's inconveniences.

La buena conciencia es tan alegre,
que hace alegres a todas las
molestias de la vida.

FRAY LUIS DE GRANADA

Tell me friend, is life sad
or am I sad?

Dime amigo: ¿La vida es triste
o soy triste yo?

AMADO NERVO

I've learned two things. / To let go /
clean as kite string. / And to never wash a
man's clothes. / These are my rules.

He aprendido dos cosas: dejarlo ir
tan limpio como el hilo de un papalote y
nunca lavar la ropa de un hombre.
Estas son mis reglas.

SANDRA CISNEROS

Where there's a place to plant a tree,
you should plant it. Where there is an
error to be corrected, you should
correct it. Where an effort must be
made and everyone avoids it, you should
make the effort. You should be the one
who kicks the rock off the road.

Donde haya un árbol que plantar,
plántalo tú. Donde haya un error que
enmendar, enmiéndalo tú. Donde haya un
esfuerzo que todos esquivan, hazlo tú.
Sé tú el que aparta la piedra del camino.

GABRIELA MISTRAL

Even if you are the tallest,
be humble.

Aunque seas el más alto,
ten humildad.

SAN ISIDORO DE SEVILLA

Don't stand in the street begging
for something you are able to gain
by your own efforts.

No pidas de grado lo que puedas
tomar por fuerza.

MIGUEL DE CERVANTES Y SAAVEDRA

The poor man with hope lives better
than the rich man without it.

Vive mejor el pobre dotado de
esperanza que el rico sin ella.

RAIMUNDO LULIO

The most common form of
suicide in our generation is a
bullet through the soul.

La forma más común de
suicidio en nuestra generación es una
bala que atraviesa el alma.

NICOLAS GÓMEZ DÁVILA

Everything has a solution,
except for death.

Todo tiene solución,
menos la muerte.

PROVERBIO

Just as I never worried about being born,
I do not worry about dying.

Como no me he preocupado de nacer,
no me preocupo de morir.

FEDERICO GARCÍA LORCA

You never know what life has in store for you, but I believe there are certain things one is meant to go through.

Nunca sabes lo que la vida te depara, pero creo que hay ciertas cosas por las que uno tiene que atravesar.

GLORIA ESTEFAN

God tightens his grip,
but not enough to choke.

Dios aprieta, pero no ahoga.

PROVERBIO

In Spain, the dead are more
alive than the dead of any other
country in the world.

En España los muertos están más
vivos que los muertos en otros
países del mundo.

FEDERICO GARCÍA LORCA

I'll Tell You Who You Are

Te Diré Quién Eres

If your enemy turns to flee,
give him a silver bridge.

A enemigo que huye,
puente de plata.

PROVERBIO

Tell me who you hang out with,
and I'll tell you who you are.

Dime con quién andas,
y te diré quién eres.

PROVERBIO

I'd like to be brave. My dentist
assures me that I am not.

Me gustaría ser valiente. Mi dentista
asegura que no lo soy.

JORGE LUIS BORGES

All of a man's power
comes from God.

Todo el poder de los hombres
deriva de Dios.

FRAY LUIS DE GRANADA

Every man is as Heaven made him,
and sometimes a great deal worse.

Cada uno es como Dios le hizo,
y aún peor muchas veces.

MIGUEL DE CERVANTES Y SAAVEDRA

A good name is better than riches.

Más vale el buen nombre que
las muchas riquezas.

MIGUEL DE CERVANTES Y SAAVEDRA

No amount of wealth can offer the
security of a trusted friend.

No hay riqueza tan segura
como un amigo seguro.

JUAN LUIS VIVES

Honor is pure crystal that can
break with a single breath.

El honor es cristal puro que
con un soplo se quiebra.

FÉLIX LOPE DE VEGA Y CARPIO

Men are like stars; some give off
their own light and others shine in
the reflection of others.

Los hombres son como los astros,
que unos dan luz de sí y otros
brillan con la que reciben.

JOSÉ JULIÁN MARTÍ Y PEREZ

Only an idiot can be totally happy.

Sólo un idiota puede
ser totalmente feliz.

MARIO VARGAS LLOSA

Freedom does not make men happy,
it simply makes them men.

La libertad no hace felices a los hombres,
los hace sencillamente hombres.

MANUEL AZAÑA

A man is not who he is because
of what he writes, but because of
what he has read.

Uno no es lo que es por lo que escribe,
sino por lo que ha leído.

JORGE LUIS BORGES

I am myself and my circumstances.

Yo soy yo y mis circunstancias.

JOSÉ ORTEGA Y GASSET

A person who laughs at anything
is as annoying as someone who
cries about everything.

El que ríe por cualquier cosa es tan necio
como el que llora por todo.

BALTASAR GRACIÁN Y MORALES

If people heard each other's thoughts,
very few of us would escape
being institutionalized.

Si la gente nos oyera los
pensamientos, pocos escaparíamos
de estar encerrados por locos.

JACINTO BENAVENTE

Precious Things

Cosas Que Son Preciosas

Do not ask the teacher for more than he can give. Knowledge can be transmitted, but wisdom cannot.

No pidas al maestro más de lo que puede dar. El saber se transmite, la sabiduría no.

MARÍA J. MORENO

I think my love for life I owe in part
to my love for books.

Creo que parte de mi amor a la vida
se lo debo a mi amor a los libros.

ADOLFO BIOY CASARES

I have always imagined that Paradise
will be a kind of library.

Yo siempre me había
imaginado al Paraíso como una
especie de biblioteca.

JORGE LUIS BORGES

Besides teaching, teach your students
to doubt what you have taught.

Además de enseñar, enseña a
dudar de lo que has enseñado.

JOSÉ ORTEGA Y GASSET

Learning to doubt is
learning to think.

Aprender a dudar es
aprender a pensar.

OCTAVIO PAZ

To know something is worthwhile,
but knowing how to demonstrate
it is even more valuable.

Saber y saberlo demostrar
es valer dos veces.

BALTASAR GRACIÁN Y MORALES

I do not study in order to learn more,
but to become less ignorant.

No estudio por saber mas,
sino por ignorar menos.

SOR JUANA INÉS DE LA CRUZ

Youth is not measured by a person's age,
but by the curiosity a person maintains.

La juventud no se mide por la
edad de la persona, sino por
la curiosidad que mantiene.

SALVADOR PANIKER

When I am told that I am too old to do something, I try to do it immediately.

Cuando me dicen que soy demasiado
viejo para hacer una cosa,
procuro hacerla enseguida.

PABLO PICASSO

Do not accept jobs from which
you will learn nothing.

No aprovechan los trabajos si
no han de enseñarnos algo.

JOSÉ HERNÁNDEZ

It is better to die trying,
than to live life lamenting.

Vale mucho más morir intentándolo
que vivir toda tu vida lamentándolo.

PROVERBIO

True heroism consists in turning
your wishes into realities and
your ideas into deeds.

El verdadero heroísmo está
en transformar los deseos en realidades
y las ideas en hechos.

ALFONSO RODRÍGUEZ CASTELAO

They can cut down all the flowers,
but they cannot stop the spring.

Podrán cortar todas las flores,
pero no podrán detener la primavera.

PABLO NERUDA

The most terrible feeling of all is
the feeling that hope has died.

El más terrible de todos los
sentimientos es el sentimiento de
tener la esperanza muerta.

FEDERICO GARCÍA LORCA

I want to cry just because I feel like it.

Quiero llorar porque me da la gana.

FEDERICO GARCÍA LORCA

Yes we can!

¡Sí se puede!

CÉSAR CHÁVEZ

Everything you can imagine is real.

Todo lo que te puedes imaginar es real.

PABLO PICASSO

Nothing inspires more admiration
and amazement than an old person who
knows how to change his mind.

Nada me inspira más veneración
y asombro que un anciano que
sabe cambiar de opinión.

SANTIAGO RAMÓN Y CAJAL

With the Eyes of a Child

Con los Ojos de un Niño

Nothing is built on stone;
all is built on sand, but we must build
as if the sand were stone.

Nada se construye sobre piedra;
todo se construye sobre arena, pero debemos
construir como si la arena fuese piedra.

JORGE LUIS BORGES

I do not dream while I am asleep,
but rather when I am wide awake.

Nunca sueño cuando duermo,
sino cuando estoy despierto.

JOAN MIRÓ

I implore you to see with a child's eyes,
to hear with a child's ears,
and to feel with a child's heart.

Te imploro que veas con los ojos de un niño,
que oigas con los oídos de un niño y que
sientas con el corazón de un niño.

ANTONIA NOVELLO

Every child is an artist.
The problem is how to remain an
artist once he grows up.

Cada niño es un artista;
el problema radica en que lo siga
siendo cuando crezca.

PABLO PICASSO

Do not reject your dreams.
What would the world be
without fantasy?

No rechaces tus sueños.
¿Sin la ilusión el mundo que sería?

RAMÓN DE CAMPOAMOR

Fantasy abandoned by reason produces
impossible monsters; united with her,
she is the mother of the arts and
the origin of marvels.

La fantasía abandonada de la razón,
produce monstruos imposibles;
unida con ella, es madre de las artes
y origen de sus maravillas.

FRANCISCO DE GOYA

I am not interested in science.
It ignores dreaming, chance, laughter,
feeling, and contradiction, things
that are precious to me.

La ciencia no me interesa.
Ignora el sueño, el azar, la risa,
el sentimiento y la contradicción,
cosas que me son preciosas.

LUIS BUÑUEL

Green is the prime color of the world,
and that from which its loveliness arises.

El color verde es el color que
prevalece en el mundo, del cual
nace toda su belleza.

PEDRO CALDERÓN DE LA BARCA

If You Respect Others

El Respeto al Derecho Ajeno

If a thorn wounds me,
I pull out the thorn,
but I do not hate it.

Si una espina me hiere,
me aparto de la espina
pero no la aborrezco.

AMADO NERVO

If the diplomats sang,
there would be no wars.

Si los diplomáticos cantaran,
no habría guerras.

CHAVELA VARGAS

If you respect others,
there will be peace.

El respeto al derecho
ajeno es la paz.

BENITO JUÁREZ

Silence is argument carried
on by other means.

Silencio es un argumento
llevado de otra manera.

ERNESTO 'CHE' GUEVARA

The tongue causes the greatest amount
of harm to human life.

En la lengua consisten los mayores
daños de la vida humana.

MIGUEL DE CERVANTES Y SAAVEDRA

How can one not speak about war,
poverty, and inequality when people
who suffer from these afflictions
don't have a voice to speak.

Cómo no puede uno hablar sobre
la guerra, pobreza y desigualdad,
cuando los que las sufren no
tienen ni voz ni voto.

ISABEL ALLENDE

The fight is never about grapes or lettuce.
It is always about people.

La batalla nunca es sobre las uvas o la
lechuga. Siempre es sobre las personas.

CÉSAR CHÁVEZ

A good friend is one from whom
we do not keep any secrets
throughout our lives, and who
nevertheless still respects us.

Un buen amigo es aquel para
el que nuestra vida no tiene secretos,
y a pesar de todo, nos aprecia.

LEÓN DAUDÍ

Men and Women

Los Hombres y Las Mujeres

A melon and a woman
are hard to know.

El melón y la mujer son
difíciles de conocer.

PROVERBIO

Women with a past and men with a future
are the most interesting people.

Las mujeres con pasado y los hombres con
futuro son las personas más interesantes.

CHAVELA VARGAS

Without a woman,
life is simply prose.

Sin la mujer la vida
es pura prosa.

RUBÉN DARÍO

Sighs are made of air, and they go into
the air. Tears are made of water, and they go
into the sea. Tell me, woman, when love is
forgotten, do you know where it goes?

Los suspiros son aire y van al aire.
Las lágrimas son agua y van al mar.
Dime, mujer: cuando el amor se olvida,
¿sabes tú ádonde va?

GUSTAVO ADOLFO BÉCQUER

Solitude is very beautiful . . . when you
have someone to talk to about it.

La soledad es muy hermosa . . . cuando
se tiene alguien a quién decírselo.

GUSTAVO ADOLFO BÉCQUER

Soap operas are a
woman's worst enemy.

Las novelas son el peor
enemigo de las mujeres.

CARLOS FERNÁNDEZ

A man should be homely, hardy,
and honorable.

El hombre debe ser feo,
fuerte y formal.

PROVERBIO

Walking Your Road

Andando el Camino

With bread and wine you
can walk your road.

Con pan y vino se anda el camino.

PROVERBIO

A closed mouth catches no flies.

En boca cerrada no entran moscas.

PROVERBIO

Good actions are worth more
than good reasons.

Buenas acciones valen más
que buenas razones.

PROVERBIO

Never do good things
that look bad.

Nunca hagas cosas buenas
que parezcan malas.

PROVERBIO

To commit an error is not as bad
as trying to justify it, instead of taking
it as a sign from providence of our
ignorance or lack of substance.

Lo peor no es cometer un error
sino tratar de justificarlo, en vez de
aprovecharlo como aviso providencial
de nuestra ligereza o ignorancia.

SANTIAGO RAMÓN Y CAJAL

There are two kinds of men:
those who make history and those
who suffer through it.

Hay dos clases de hombres:
quienes hacen la historia y
quienes la padecen.

CAMILO JOSÉ CELA

It is better to die on your feet
than to live on your knees.

Más vale morir de pie que vivir
eternamente de rodillas.

EMILIANO ZAPATA

Let us be realists and
do the impossible.

Seamos realistas,
hagamos lo imposible.

ERNESTO 'CHE' GUEVARA

Any time you have an opportunity
to make a difference in this world
and you don't, then you are wasting
your time on Earth.

Cualquier instante en el que usted tiene la
oportunidad de hacer algo importante que
impacte a este mundo y no lo hace, usted
pierde el tiempo en la Tierra.

ROBERTO CLEMENTE

I work quickly in order
to live slowly.

Trabajo de prisa para
vivir despacio.

MONTSERRAT CABALLÉ

God helps those who
rise up early.

A quien madruga,
Dios le ayuda.

PROVERBIO

If you are searching for God,
you will find yourself.

En busca de Dios te
encontrarás a ti mismo.

MARTIN SHEEN

When a town works, God
respects it. But when a town
sings, God loves it.

Cuando un pueblo trabaja,
Dios lo respeta. Pero cuando un
pueblo canta, Dios lo ama.

FACUNDO CABRAL

I feel a great happiness in hearing the ticking of a clock: I see that an hour of my life has passed, and I feel a little closer to God.

Es para mí una alegría oír sonar el reloj: veo transcurrida una hora de mi vida y me creo un poco más cerca de Dios.

SANTA TERESA DE ÁVILA

Look to the right and to the
left of Time, and may your heart
learn to be at peace.

Mira a la derecha y a la izquierda
del tiempo, y que tu corazón
aprenda a estar tranquilo.

FEDERICO GARCÍA LORCA

Everyone wishes to reach old age,
but no one wants to admit to being old.

Todos deseamos llegar a viejos; y todos
negamos que hemos llegado.

FRANCISCO DE QUEVEDO VILLEGAS

Oh youth, divine treasure,
you leave me, never to return.

Juventud, divino tesoro,
¡ ya te vas para no volver!

RUBÉN DARÍO

A man's feet should be planted
in his country, but his eyes should
survey the world.

Los pies de un hombre
deben estar en su país, pero sus
ojos deben observar el mundo.

GEORGE SANTAYANA

Love

El Amor

Love is not a science, it is faith.

El amor es fe y no ciencia.

FRANCISCO DE QUEVEDO VILLEGAS

True love makes miracles,
because it is itself the greatest
miracle of all.

El amor verdadero hace milagros,
porque el mismo es ya
el mayor milagro.

AMADO NERVO

To love is the best way to be loved.

Amar es el más poderoso hechizo para ser amado.

BALTASAR GRACIÁN Y MORALES

Where there is love there is pain.

Donde hay amor, hay dolor.

PROVERBIO

There is no greater glory than love,
nor any greater punishment than jealousy.

No hay mayor gloria que el amor,
ni mayor castigo que los celos.

FÉLIX LOPE DE VEGA Y CARPIO

Love never made a man a coward.

El amor nunca hizo ningún cobarde.

MIGUEL DE CERVANTES Y SAAVEDRA

It is said that a man is not a man
until he hears his name from
the lips of a woman.

Dicen que el hombre no es hombre
mientras no oye su nombre
de labios de una mujer.

ANTONIO MACHADO

The beauty that attracts rarely is the same
beauty with which one falls in love.

La belleza que atrae, rara vez coincide
con la belleza que enamora.

JOSÉ ORTEGA Y GASSET

Love and desire are two different things;
not everything that is loved is desired,
nor is everything that is desired loved.

Amor y deseo son dos cosas diferentes;
que no todo lo que se ama se desea,
ni todo lo que se desea se ama.

MIGUEL DE CERVANTES Y SAAVEDRA

Love enters with ease,
but leaves only with difficulty.

El amor tiene fácil la entrada
y difícil la salida.

FÉLIX LOPE DE VEGA Y CARPIO

Love is so short,
and forgetting is so long.

Es tan corto el amor
y es tan largo el olvido.

PABLO NERUDA

Simply because someone does not
love you as you would wish, does not mean
that they do not love you completely.

Sólo porque alguien no te ame
como tú quieres, no significa que
no te ame con todo su ser.

GABRIEL GARCÍA MÁRQUEZ